I0101277

OUVERTURE DES CONFÉRENCES

DE

MM. les Avocats Stagiaires

ALLOCUTION

Prononcée par

M. Casimir ROYER

BATONNIER DE L'ORDRE DES AVOCATS

SÉANCE DU 19 DÉCEMBRE 1890

IMPRIMERIE H. BERGER, PLACE VAUCANSON, 2, GRENOBLE

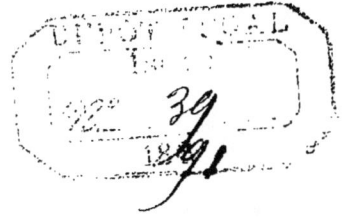

ALLOCUTION

Prononcée par

M. Casimir ROYER

BATONNIER DE L'ORDRE DES AVOCATS

Imprimerie Typographique et Lithographique H. Berger
2, Place Vaucanson, 2
GRENOBLE

OUVERTURE DES CONFÉRENCES

DE

MM. les Avocats Stagiaires

ALLOCUTION

Prononcée par

M. Casimir ROYER

BATONNIER DE L'ORDRE DES AVOCATS

SÉANCE DU 19 DÉCEMBRE 1890

Mes Chers Confrères,

Au moment d'ouvrir, dans une solennité de famille, ces conférences qui forment la meilleure part de mes nouvelles fonctions, permettez-moi d'exprimer, tout d'abord, mon vif sentiment de gratitude à ceux de mes confrères dont la bienveillance m'a honoré, pour la seconde fois, de cette dignité du Bâtonnat qu'ambitionnent justement les vieux soldats du Barreau comme leur premier et dernier chevron.

Répondre à la confiance qui m'a été ainsi

témoignée et, à défaut d'autres mérites, me consacrer tout entier à la défense de nos droits et à l'observation de nos devoirs professionnels, telle sera ma constante préoccupation.

C'est par l'agréable que je commence aujourd'hui, en remplissant une mission particulièrement douce, celle de souhaiter la bienvenue à nos jeunes recrues qui viennent à nous le cœur plein de la généreuse ardeur des néophytes.

Le stage, mes jeunes confrères, que quelques-uns d'entre vous achèvent et que d'autres commencent, est comme l'école d'application du Barreau. Aussi, l'usage et la tradition veulent-ils qu'en inaugurant vos travaux celui de vos anciens qui est appelé à l'honneur et au plaisir de les diriger, vous adresse quelques conseils, dictés par son expérience, avec le vif désir qu'ils vous soient utiles.

Je n'entreprendrai pas de vous redire ce qui a été si bien et si complètement dit avant moi. Moins que personne je ne saurais oublier les préceptes de Cicéron qui déclare : Qu'il faut parler éloquemment de l'éloquence. Dans le champ si vaste de nos obligations, je me bornerai à choisir celles qui

me paraissent pratiquement le mieux appropriées
au temps présent.

Depuis que la diffusion de la pensée est deve-
nue une des nécessités de la vie sociale actuelle,
les violences et les excès de langage se sont mul-
tipliés d'une manière fâcheuse. C'est pourquoi je
tiens à vous parler du respect de la parole.

Les discours, autrefois si pleins de recherche
et d'ornement en sont souvent si dépouillés aujour-
d'hui qu'ils semblent créer un nouveau style : le
style télégraphique. Aussi, voudrais-je vous mon-
trer que la forme et l'ornement du langage ont une
valeur et une utilité réelles.

Enfin, à côté de ce besoin de dire vite, sinon
bien, il en est un autre plus dangereux encore,
c'est le besoin de faire vite sinon bien ; de doubler
les étapes pour arriver au but sans trop se préoc-
cuper du choix des moyens. Je souhaiterais de
vous prémunir contre ce mal d'impatience.

Hélas ! je m'aperçois que c'est d'un discours
en trois points dont je vous menace. Rassurez-vous,
mes jeunes confrères, il aura du moins le facile
mérite de ne pas être long.

Avez-vous jamais songé à tout ce que conte-
naient de droits et de devoirs ces simples mots qui
nous sont publiquement adressés : « Vous avez la
parole. » Vous avez la parole, c'est-à-dire le droit
et le devoir de parler librement, sans haine comme
sans crainte, faisant ainsi entendre tout ce qui est
nécessaire à la défense des intérêts dont vous avez
la charge, mais rien que ce qui est nécessaire à
cette défense. Vous avez la parole, c'est-à-dire qu'il
vous faut non seulement vous souvenir de votre
serment, mais encore scrupuleusement observer le
respect de vous-même et des autres. Le respect,
ainsi que l'indique le mot latin dont notre terme
français est le dérivé, est le sentiment attentif et
réfléchi de ce qui est dû à chacun. Si donc, il vous
vient une pensée qui soit de nature à satisfaire la
passion du client placé à côté de vous, et à blesser
aussi cruellement qu'inutilement son adversaire,
qu'elle soit impitoyablement écartée de votre plaidoirie. Qu'il en soit de même de tout ce qui pour-
rait plaire à l'avocat sans servir la cause.

Pour la justice devant laquelle vous parlez,
pour la cause que vous servez et pour vous-même,

lorsque vous aurez la parole gardez-en toujours le respect; et s'il vient à être banni d'autres enceintes, soyez du moins, jaloux de le conserver religieusement dans le prétoire dont il doit rester l'éternel honneur.

S'abstenir de toute violence dans le langage ne suffit pas, il faut encore s'occuper de son ornement. Certes, il ne s'agit pas de revenir à la pompe fastidieuse qu'on rencontre dans les discours des Procureurs généraux et des avocats du commencement de notre siècle. Mais il ne faut pas, non plus, tomber dans l'excès contraire, et sous prétexte de concision, faire d'une plaidoirie aride et sèche, un travail pénible pour celui qui la prononce, comme pour ceux qui l'écoutent. Songez que la philosophie la littérature, les sciences, les arts sont notre domaine et qu'ils peuvent trouver d'heureuses applications dans vos travaux. Une citation faite à propos, une observation philosophique finement présentée, un trait légèrement lancé, de l'esprit même s'il se peut, soutiennent l'attention du juge, et mettent l'avocat en haleine. Dans le but d'expédier promptement les affaires, vouloir en bannir tout ce qui n'est pas le procès lui-même, c'est s'ex-

poser à transformer une plaidoirie en propos inter-
rompus. On arriverait ainsi, si on n'y prenait
garde, à supprimer non seulement l'éloquence, qui
n'est que le privilège de quelques-uns, mais même
l'art de bien dire qui doit être l'ambition de tous.
Plaider utilement, n'empêche pas de plaider agréa-
blement, et s'il en coûte pour cela un peu plus de
travail, il n'en coûte pas beaucoup plus de temps.

Mes deux premières observations sont pour
vous tous, mes jeunes confrères, mais celle que je
veux vous présenter en dernier lieu s'adresse plus
particulièrement à ceux d'entre vous qui veulent
rester dans nos rangs pour y faire leur carrière.

Le Barreau, qui doit être une école de respect
est aussi une école de patience et de travail. Dieu
vous garde de ce mal d'impatience si commun de
nos jours et si funeste aux jeunes ambitions. Ne
croyez pas que l'éclat, les succès faciles et bruyants,
les faveurs de la presse, puissent et doivent aider
une carrière honorablement suivie. Il se peut que
certains exemples, malgré leur rareté, vous fassent
illusion ; ne vous laissez pas séduire par des appa-
rences trompeuses. Soyez convaincus, au contraire,

que tout ce qui ne repose pas sur un travail per-
sévérant, silencieux, aussi éloigné des décourage-
ments prompts que des espérances prématurées, est
fondé non sur le roc mais sur le sable.

Buffon disait que le génie n'est autre chose
qu'une longue patience. C'est peut-être trop dire.
Mais si je n'ose vous promettre le génie en échange
d'un travail patient, je puis, du moins, vous assu-
rer que seul il vous procurera les jouissances et les
succès véritablement enviables. Pour les mieux
conquérir, permettez-moi de vous recommander
tout spécialement l'étude des défenses d'office.

Ces défenses sont trop souvent considérées
comme des corvées inutiles, autant que gratuites.

Leur obligation imposée par la loi et par les
travaux du stage, est volontiers éludée ou trans-
mise. Cependant, les affaires qui vous sont ainsi
dévolues, soit au civil, soit au criminel, constituent,
indépendamment de l'obligation à laquelle vous
êtes astreint, une excellente occasion de travail et
d'étude. Les procès des malheureux ressemblent à
ceux des favorisés de la fortune, car le droit et les
passions humaines sont les mêmes partout. La

liberté et l'honneur valent la peine d'être défendus chez tous, plus particulièrement chez ceux dont ils sont peut-être les seuls biens. Vous avez donc à examiner et à vaincre les mêmes difficultés dans ces affaires d'office dont un devoir de bienfaisance vous charge; votre rémunération, qui en vaut une autre, sera la satisfaction du devoir accompli et le profit de l'expérience acquise.

Suivez aussi avec assiduité ces conférences; travaillez patiemment et si vous avez besoin d'un encouragement ou d'un conseil, venez à vos anciens qui seront heureux de vous donner l'un et l'autre. Lorsque vous préparez un procès, étudiez le droit, le fait, classez avec soin, avec méthode les matériaux que vous aurez réunis, faites état de tout ce qui est utile, même de ce qui n'est qu'agréable, et lorsque ainsi préparé, on vous donnera la parole, gardez toujours le respect de la justice, de la cause et de vous-mêmes.

Vous formerez ainsi une nouvelle génération d'avocats auxquels nous serons heureux de remettre, en toute confiance, le patrimoine d'honneur que nous ont légué nos anciens, et que vous conserverez en l'augmentant dans l'avenir.

L'avenir, hélas ! qui peut s'en croire assuré, quand nous voyons la mort frapper aveuglément parmi nous, ceux-là mêmes qui en plein épanouissement de la vie, semblaient devoir être à l'abri de ses coups. Après Finas-Duplan, Paul Gueymard, voici qu'elle nous ravit un des plus aimés de nos stagiaires. M. Léon-Félix-André ACCARIAS appartenait à une vieille famille dauphinoise honorablement connue et représentée. Orphelin de bonne heure, possesseur d'une fortune importante, il ne voulait lui demander que l'indépendance. Désireux de vivre en travaillant, il s'était fait inscrire au stage en 1888, avec la pensée de prendre au Barreau une place que lui auraient assuré un jugement sûr et un esprit cultivé. Il suivait assidûment nos travaux, lorsqu'un mal inexorable est venu le frapper inopinément. Après de longs mois de cruelles souffrances, courageusement supportées, M. Accarias a succombé dans sa vingt-quatrième année. Sa dernière pensée a été une pensée de bienfaisance pour Grenoble, sa ville natale, dont il a choisi les pauvres pour ses légataires universels.

Que le pieux hommage rendu à sa mémoire soit comme une dernière fleur placée par le Barreau sur cette tombe si prématurément ouverte, et qui nous rappelle une fois de plus l'irréparable néant de la vie.

IMPRIMERIE H. BERGER, PLACE VAUCANSON, 2, GRENOBLE

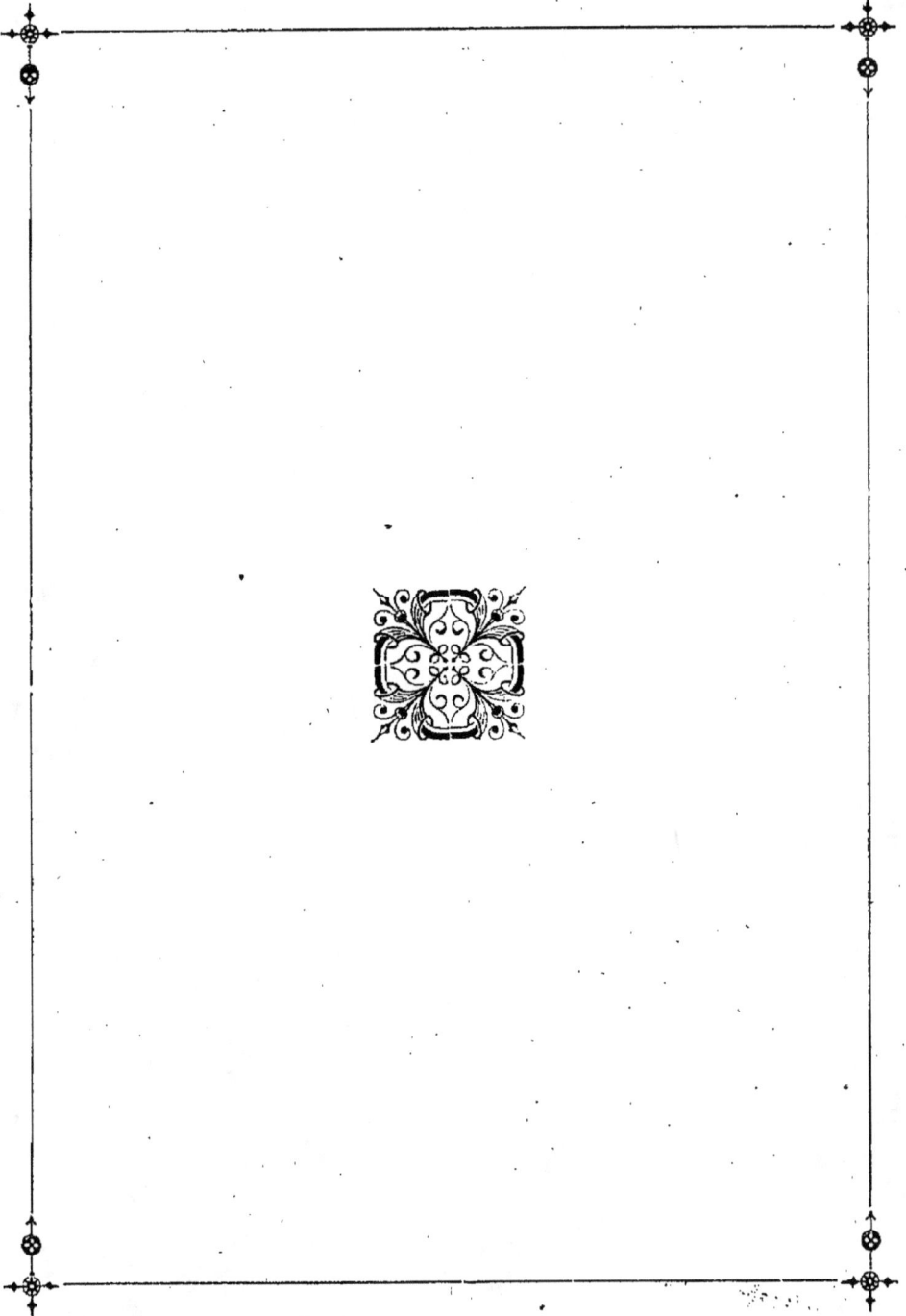